念佛詩抄

木村無相著

永田文昌堂

目次

念佛詩抄

序詩

そのときどきのひらめきを
そのままメモしたその中の
詩の形式のもののうち
自分がえらんだ〝詩抄〟です
ひとりよがりのものですが
領解《りょうげ》といってもよいでしょう

領解といっても
ソラゴト　タワゴト
念佛のみぞ　マコトにて――
念佛のみぞ　マコトにて――

無相よ㈠

無相よ——
ていさいを　かまうな
カッコええことを
言おうと　するな
書こうと　するな

それよりも　それよりも
よくもわるくも
本音を　はけ——
本音を　はけ——

そのときどきの
本音を　はけ——
本音を　はけ——

無相よ㈡

ナム　と聞いたら
五劫のご思惟を
アミダ　と聞いたら
永劫のご修行を
思うんだよ　無相よ
思うんだよ　無相よ
ナムアミダブツは
如来のご苦労——

ご苦労いただく
ナムアミダブツ
ご苦労いただく
ナムアミダブツ——

無相よ㈢

無相よ
本音を　はけ
本音を　はけ
本音を　はけ
じぶん自身の
本音を　はけ――

無相よ
本音を　はいて
本音を　はいて
本音を　はいて
じぶん自身の
本音を　生きろ――

無相よ㈣

山頭火曰く
〝うたうものの
よろこびは
力いっぱいに
自分の真実を
うたうことにある〟

無相よ
うたえよ
自分の本音を――

生きろ

生きろ
生きろ
花が花であるように
草が草であるように
生きろ
生きろ
自分を尽《つく》して
生きろ――

生きろ
生きろ
自分を尽して
生きろ――
散るときがきたら
散り
枯《か》れるときがきたら
枯れるがよい

生きろ
生きろ
花のごとくに――
草のごとくに――

こうして

こうして
生きてることの

ナムアミダブツ――

生きるんだ

生きるんだ
生きるんだ
煩悩《ぼんのう》の一生を

生きるんだ
生きるんだ
無常の一生を

煩悩　無常が
人間の一生
ナムアミダブツと
生きるんだ――

ナムアミダブツは

ナムアミダブツは
行進曲――

人生行路の
行進曲――

十方衆生の
行進曲――

往生浄土の
行進曲――

ナムアミダブツ
ナムアミダブツ

冬晴るる

遠きやまなみ
雪にかがやき
われ今ここに
いのち生くる

今日《きょう》ひと日《ひ》

ひと日のいのち

冬晴るる

山のごとくに

山にむかいて
おもうこと
山にむかいて
おもうこと

山のごとくに
生きんかな
山のごとくに
生きんかな

寒椿

本堂うらの
ものかげに
ひっそり咲いてる
寒椿よ

きょうの日の

いのちを咲いて

寒椿――

自然

自然――

ああ
今
そのイキづかいが
聞こえる

お大師堂で
―ご本山にて―

だあれもいない
お大師堂に
ご開山さまと
わたくしひとり

ご開山さま
ナムアミダブツ
愚かなわたしも
ナムアミダブツ

道がある

道がある
道がある
たった一つの
道がある

〝極重悪人　唯称佛〟

阿弥陀堂前で
―ご本山にて―

〃マンマンちゃん
アンするんですよ〃
わかいおかあさんが
おしえてる

ああ
あわせた
コドモの
小さなお手よ――

二十世紀梨

二十世紀梨《なし》――
こんなにんげんに
なれぬものか

みずみずしく
歯あたりがよく
すがすがしく
あとくちがよく――

天地いっぱい

小雪
チラチラ
わたしは
ナムナム

わたしが
小雪か
小雪が
わたしか

天地いっぱい
ナムアミダブツ

まん中に（一）

おねんぶつは
つつむ
天地をつつむ

おねんぶつは
つつむ
一切合財《いっさいがっさい》

わたしを
まん中に
天地をつつむ

雪がふる

雪がふる
雪がふる
雪がふるふる
雪がふる
煩悩無尽《むじん》と
雪がふる

雪がふる
雪がふる
雪がふるふる
雪がふる
大悲無倦《むけん》と
雪がふる

みんな　みんな

みんな　みんな
煩悩具足の凡夫
みんな　みんな
となえましょう

みんな　みんな
ナムアミダブツ
みんな　みんな
ナムアミダブツ

しらぬは

しらぬが
ほとけと
いうけれど

しらぬは
ぼんぶで
ありましょう

〝摂取心光　常照護〟

おやさま
いつも
まもりづめ

千里いっても

千里いっても
大地の上
万里いっても
大地の上

千里いっても
大悲の中
万里いっても
大悲の中

ナンマンダブツ
ナンマンダブツ

かかりづめ
——入院中——

ウトウトしてると
注射に来——
ウトウトしてると
採血に——
ウトウトしてると
検温に——

わたしはいつも
ウトウトしてるが
にょらいはわたしに
かかりづめ
ナンマンダブツ
ナンマンダブツ

ゲ ナ

〝もう
なんにも
思うことも
言うことも
いりませんゲナ
如来さまが
たすけてやると
おっしゃいますゲナ〟

田原のお園の
ことばです

ご信心（一）

わたしの信心
雪だるま
オテントさま出りゃ
すぐとける

オテントさまが
ご信心——

大信心は

〝兎《う》の毛
羊《ひつじ》の毛の
さきにいる
ちりばかりも〟
凡夫ごころには
用がない
大信心は
むこうから——

ナンマンダブツ
ナンマンダブツ

ご信心（二）

ご信心とは
弥陀の智慧
わたしが信ずる
それでない

〃大信心は
佛性なり
佛性すなわち
如来なり〃

如来の智慧を
たまわりて
ナンマンダブツ
ナンマンダブツ

信

信
信
信

大悲の願心
それこそが
信――

信
信
信

みんなつつんで

―四六・二・五―

冬ぞら
晴れた
天地は
ひろい

お月さん
とおい

アメリカさん
行っている

みんなつつんで
ナムアミダブツ

つつむ

わたしを
つつむ
ナムアミダブツ

天地を
つつむ
ナムアミダブツ

まん中に（二）

大きな　大きな
丸かいた
天地いっぱいの
丸かいた
そのまん中に
ナニかいた
ナムアミダブッと
かきました

いっぱい

天地
いっぱい
ナムアミダブツ
わたし
いっぱい
ナムアミダブツ

春の粉雪が

春の粉雪《こゆき》が
舞《ま》っている
鬼ゴッコするように
舞っている

わたしも一緒《しょ》に
舞いたいな
クルクル舞って
あそびたい

ナムアミダブツさまも
ご一緒に――

雪やコンコ

雪やコンコ
あられやコンコ
年暮るる

だあれと

だあれと
いっしょ
にょらいさんと
いっしょ
いっしょで
ナニしてんの
お念佛詩
きいてるの──

あそぼ

おねんぶつさま
あそぼ
もうすぐ春よ
ナンマンダブツ
ナンマンダブツ

うっとりとして

門衛所の
文鳥が
春を啼《な》くと
うっとりとして
もうなんにも
言うことも
書くことも
なくなってしまう

春が来た！
春が来た！
春が来た！

ぼんのうよ

ぼんのうよ――
わたしが　わるいのだ

ぼんのうは
わたしの　いうまま
ぼんのうは
わたしの　おもうまま

ぼんのうよ――
わたしが　わるいのだ

不思議（一）

小鉢のケヤキの
糸のような
枝に

チョッピリ
春が
芽《め》をだした

いのちの
世界の
不思議さよ――

迷いの境涯よ

いよいよ
今生を
かぎりとして

迷いの境涯を
うちきらして
もらうのです

ああ
迷いの境涯よ
ありがとう――

タンポポ

春がきた
春がきた
〃冬ごもり
春さりくれば
飯《いい》乞《と》うと——〃
良寛さまも出てござろ
国上《くがみ》の山のご庵から

蔵《くら》のかげ

こんなところに

タンポポが

良寛さま（一）

良寛さまの
おん歌に

〃愚かなる
身こそなかなか
うれしけれ
弥陀の誓いに
遇《あ》うとおもえば〃

——

わたしは

〝身をすてて
世をすくうひとも
あるものを
草のいおりに
ひまもとむとは〟

わたしは
ひとりの部屋《へや》に
こもりながら
良寛さまの
このお歌をおもう

わたしは
世をすくうものでは
なくて
すくわれなくては
ならぬもの――

良寛さま（二）
―ご墓前にて―

さくら
散る散る

良寛さまの
おん墓に――

生きるということ

ああ
生きるということの
むつかしさ
生きるということの
ありがたさ
生きるということの
不思議さよ

ああ
生きるということ――
生きるということ――
生きるということ――

生きてること

生きてることの
不思議さに
街《まち》に出てみて
歩きまわった

ヤッパリ
不思議
生きてること――

丸もうけ

ねんぶつもうせば
丸もうけ――
この世の日ぐらし
丸もうけ――
生・老・病・死
丸もうけ――
ナンマンダブツ
ナンマンダブツ

不思議（二）

生の不思議――
老の不思議――
病の不思議――
死の不思議――
不思議を不思議と
しらせます
お不思議のみ名
ナムアミダブツ――

人生こそは

人生こそは
宝の山――
ナムアミダブツの
宝の山――

人と生まれて
宝に遇《あ》わず
山にはいって
宝を得ずば
いかにも惜《お》しい
ことである

ああ人生が
宝の山とは――

ありがたき

〝生は偶然
死は必然〟
ホンによいこと
ききました

偶然の生
ありがたき
必然の死
ありがたき

生死を容《い》れて
ナムアミダブツ
ナムアミダブツ
ありがたき――

生

みんな
死ぬから
よいのでしょう

諸行無常と
いうことは
わたしに
生の尊さを
しみじみしらして
くれるのです

死の上の生
ああ
今——

みち足りたとき

こころ
みち足《た》りたとき
いつ死んでも
いいとおもう

こころ
みち足りたとき
いつまで生きても
いいとおもう

こころ
みち足りたとき
ナムアミダブツ
ナムアミダブツ

まんまが

ナンマンダブツ
ナンマンダブツ

となえる　まんまが
おん仰せ――
きこえる　まんまが
ナムの信――

ナンマンダブツ
ナンマンダブツ

むこうから

砂をしぼっても
水は出ぬ
わたしをしぼっても
信は出ぬ

真実信心
むこうから――

こしらえとうて

和上おおせに
〝行は
たとい名聞《みょうもん》でも
つぶしがきくが
こしらえた信心は
犬のクソにも
おとる〟

こしらえとうて――
こしらえとうて――

＊和上＝禿顕誠和上

そのままで

信者になったら
おしまいだ
信者になれぬ
そのままで
ナンマンダブツ
ナンマンダブツ

見せてくださる

ナンマンダブツ
ナンマンダブツ

〝口から現《あら》われる
ナンマンダブツさまは
汝《なんじ》のたすかる法は
これであるぞ
と
見せてくださるのじゃ〟
光觸寺《こうそくじ》さまの
おんおおせ――

ひと声ひと声が

ひと声
ひと声が
本願のお名のり――

ひと声
ひと声が
本願のお呼びかけ――

ひと声
ひと声が
本願のおたすけ――

勅命

勅命
勅命
口もとの
勅命

今のおこえの
ナムアミダブツ――

勅命
勅命
口もとの
勅命

畢竟依

さびしきときも
ナムアミダブツ
かなしきときも
ナムアミダブツ
うれしきときも
ナムアミダブツ
みおやの名こそ
ひっきょうえ――

いただきまつる

〝極重悪人　唯称佛〟

このおことばを
いただきまつる
如来のおおせと
いただきまつる
ナムアミダブツと
いただきまつる
ナムアミダブツ
ナムアミダブツ

おおせのままに

おおせのままに
おおせのままに
ナムアミダブツ

呼びたもう（一）

呼びたもう
呼びたもう
ナンマンダブツと
呼びたもう

ああ
ナンマンダ
ナンマンダ
ナンマンダブツと
呼びたもう

如来ほうぞうさま（一）

如来ほうぞうさま
如来ほうぞうさま
如来ほうぞうさま
如来ほうぞうさま

ナンマンダブツと
礼《らい》したてまつる

夢の中で（一）

夢の中で
お念佛もうそうとしたら
どうしても
お念佛が
もうせなかった

香樹院師おおせに
〃おそろしや
業で口がしぶって
お念佛がもうされぬ〃

目ざめてみたら
歯を
くいしばっていた――

つの

香樹院師おおせに
〃生きながら
角《つの》の生えぬも
不思議なり――〃

あたまに
そっと
手をあててみる

夢の中で（二）

夢の中で
お念佛さまが
ナンマンダブッと
つきささった
ハイッとこたえて
目がさめた

夢の中でも
お呼びかけ――
夢の中でも
お呼びかけ――

常よびかけ

耳鳴り　鳴ってる
ガンガン　鳴ってる
気がつく　ときも
気づかぬ　ときも
ガンガン　鳴って
いるんで　しょう

如来さん　わたしを
常よびかけ――
ナンマンダブッ
ナンマンダブッ

おもい出（一）

われかつて
死なんとしたる
山に来て
　鳥の飛ぶ見ぬ
　雲の往《ゆ》く見ぬ

死なんとしては
死ねざりし
ハタチのころの
純情も
おもい出として
なつかしき——

いのち

雲には　雲の
いのち　あり

水には　水の
いのち　あり

石には　石の
いのち　あり

ああ
あめつちの
大《おお》いのち——

おもい出（二）

生き死にの
道にまどいて
来し聖山《やま》に
　深雪《みゆき》ふるなり
　空ふかきより

高野《たかの》の山に
のぼれども
こころ空しく
くだりたる
わが若き日の
かなしみも
この齢《とし》にして
なつかしき――

無　心

無心――
草が
石が
雲が
雀が

わたしは――

お六字花

――〝からたちの花〟調にて――

水仙の花が
さいたよ
水仙の花びら
六まい
お六字の花と
よぼうよ
水仙の花が
さいたよ
ナムアミダブッ
と花さいたよ

自炊

たなの上で
ネギが
大根が
人参が
じぶんの
出を待つように
ならんでいる
こんな
おろかな
わたしのために――

いのちは

〃いのちは法の
宝なり〃
生きていりゃこそ
法に遇《あ》える

生きてることの
しあわせよ
生かされ生きて
法に遇う

そのしあわせよ
ナムアミダ
ナムアミダブツ
ナムアミダブツ

よかったね

—若き日に自殺未遂二回—

自殺しなくて
よかったね

〃いのちは
法のたからなり〃
生きていりゃこそ
法にも遇える

自殺しなくて
よかったね

死は　ことしは

元日や
ことしはオレの
死ぬる年

死よ
死よ
わたしは
死ぬものであろうか
——死ぬもの

死よ
死よ
死は
いつくるであろうか
——今にも

もいちど

もいちど
相手を
見なおしましょう

どれほど
すきとおもうても
どれほど
きらいとおもうても
死なないひとは
ないのです

もいちど
相手を
見なおしましょう

なつかしき

みな死ぬる
人とおもえば
なつかしき

ご恩

ああ
手のご恩
足のご恩

五体をあげて　みなご恩
一生お世話に　なりまする
煩悩熾盛《ぼんのうしじょう》の　わたしとて
いかいご苦労　かけまする

ああ
手のご恩
足のご恩

街路樹よ

街路樹よ――
君は一生
立ちっぱなしだね
排気ガスやホコリに
まみれながら

それを今日まで
知らなかった僕――
歩けることのしあわせを
はじめて知った

街路樹よ――
君は一生
立ちっぱなしだね

カラダよ

人生　生きて七十年
わたしをまもってくれた
カラダよ――

あなたのおかげで
生きられた
わたしわたしという
このわたしが
あなたのおかげで
生きられた

真夜中に
ハラを撫《な》でつつ
かくおもう
〃おお
カラダよ――〃

黙　礼

カラダの不自由な人が
むこうからやって来る――

この世の中の人びとが
みんな不自由になつたらなア――
そうなつたら　そうなつたで
その上の不自由な人がまた出てこよう
ああ――

わたしは黙礼《もくれい》の気もちで
その人とすれちがった――

念佛助縁

もたいなや
もたいなや
生かされ生きて
ナムアミダブツ

衣食住にも
仕事にも
めぐまれ生きて
ナムアミダブツ

カラダの弱いも
念佛助縁
ナムアミダブツ
ナムアミダブツ

それさえ

―花田先生の「人間の原点」を
拝聴して―

愚かな愚かな
わたしです
それさえしらぬ
わたしです

無慚《むざん》・無愧《むぎ》の
わたしです
それさえしらぬ
わたしです

ナムアミダブツ
ナムアミダブツ

おろかなままに

おろかなままに
おろかなままに
おろかなままに
ナムアミダブツ

アミダさまは

クジャクは　クジャク
カラスは　カラス——
妙好人は　妙好人
わたしは　わたし——

香月院講師おおせに
〃ぬけ出た
ありがたいものに
ならいでも
アミダさまは
よう助けて下さるる〃

このわれを

〝一如《いちによ》宝海より
形をあらわして
法蔵菩薩と
名のりたまいて〟

ああ
このわれを
このわれを——

となえつつ

親鸞聖人ご和讃に
〝弥陀の名号となえつつ
信心まことにうるひとは
憶念の心つねにして
佛恩報ずるおもいあり〟

弥陀の名号となえつつ
その名号のありたけが
弥陀の願心願力と
いただかされししあわせを
信心まことにうると聞く

佛恩まことに謝しがたし
佛恩まことに謝しがたし

念佛もうさずに

大量師おおせに
〝念佛法門なるを
知らず
念佛もうさずに
信心沙汰をするは
佛像なしに
開眼を求むるような
ものぢゃ〟

弥陀の名号
となえつつ――
となえつつ――

いただかれてる

信心いただく
信心いただくと
いうけれど
わたしゃご信心に
いただかれてる――
ナムアミダブツと
いただかれてる――

〝名号不思議の海水は
逆謗《ぎゃくほう》の屍骸《しがい》もとどまらず
衆悪の万川帰しぬれば
功徳のうしおに一味なり〟

ナムアミダブツ
ナムアミダブツ

信とは

信とは乗るだけ
ただ乗るだけ
戒行慧解《えげ》の
ないままに
弘誓の船に
ただ乗るだけ
ナムアミダブツと
ただ乗るだけ

乗りこまされて
ナムアミダ
ナムアミダブツ
ナムアミダブツ.

深い信

〃弥陀大悲の誓願を
深く信ぜんひとはみな
ねてもさめてもへだてなく
ナムアミダブツをとのうべし〃

深くというは　浅いまま
わたしの心は　浅いまま
深いご恩のナムアミダブツ
いただくままが　深い信——

ナムアミダブツ
ナムアミダブツ

浅いまま

そう深刻《しんこく》に
考えなくて
いいんでしょう

浅いままでしょう
浅いままでしょう

深く信ず

〃弥陀大悲の誓願を
深く信ぜんひとはみな
ねてもさめてもへだてなく
ナムアミダブツをとのうべし〃

深くというのは　おおせのまま
わが機《き》いろわで　おおせのまま
〃ナンマンダブツ　ナンマンダブツ〃
これを信ずともうすなれ――

ナンマンダブツ
ナンマンダブツ

このまんま

念佛　念佛
いうけれど
念佛もうせば
わかること
念佛なかなか
もうせぬと――
念佛行も
およばぬと――

信心　信心
いうけれど
信心すれば
わかること
凡夫の信心

つづかぬと――
信ずることも
落第と――

行信ともに
落第の
この身はおつる
ほかなしと
しられてみれば
このまんま
ナンマンダブツの
ほかはなし
ナンマンダブツ
ナンマンダブツ

念佛そのまま

〃定散自力の称名は
果遂《かすい》のちかいに帰してこそ
おしえざれども自然に
真如の門に転入する〃

自力の念佛
そのまんま
他力とわかる
ときがくる

自力ぢゃ念佛
もうされぬ
信前信後
みな他力

念佛そのまま
純他力
ナンマンダブツ
ナンマンダブツ

ほかに

おやのご恩の
ナンマンダブツ
ほかに言うこと
なにもなし

ナンマンダブツ
ナンマンダブツ

一番手

信心　信心
いうけれど
弥陀の本願
一番手《いちばんて》――

念佛　念佛
いうけれど
弥陀の本願
一番手――

ナムアミダブツ
ナムアミダ
弥陀の誓願
一番手――

信行両座

コレコレ　おまえは
行の座か――
コレコレ　おまえは
信の座か――
イエイエ　わたしは
願の座に――

わかる

念佛　念佛いうけれど
念佛してみりゃすぐわかる
念佛なかなかもうせぬと

信心　信心いうけれど
信心してみりゃよくわかる
凡夫の信心つづかぬと

行信ともに落第と
しらしてもらえば　ようわかる
大悲の願心よりないと

法蔵さま

涙には
涙にやどる
ほとけあり
そのみほとけを
法蔵という

浄土真宗

如来ほうぞうさま
ナムアミダブツ
三部経さま
ナムアミダブツ
浄土真宗
ナムアミダブツ
わたしのための
ナムアミダブツ——

右〆めて

阿弥陀さま
ご苦労
お釈迦さま
ご苦労
七高僧さま
ご苦労
ご開山さま
ご苦労
ご苦労一ぱい
右〆《し》めて
ナムアミダブツ——

みなご恩

十九の願も
ご恩なり
二十の願も
ご恩なり
十八願も
ご恩なり
四十八願
みなご恩
ご恩の結晶
ナムアミダブツ――
ナムアミダブツ
ナムアミダブツ

三信十念

〃至心〃というも
如来のマコト
〃信楽〃というも
如来のマコト
〃欲生〃というも
如来のマコト
マコトの結晶
ナムアミダブツ――
〃三信十念〃
ナムアミダブツ――

お正信偈さま

ナンマンダブツ
帰命無量寿如来
ナンマンダブツ
南無不可思議光
ナンマンダブツ
法蔵菩薩因位時
ナンマンダブツ
在世自在王佛所

ナンマンダブツ
ナンマンダブツ
お正信偈さま
ナンマンダブツ――

ミダの直説

ミダの直説《じきせつ》
聞くばかり
これより早い
道はない

〃愚鈍往き易き捷径《せっけい》なり〃

ミダの直説
ナムアミダブツ――
ミダの直説
ナムアミダブツ――

念佛一つに

〝しかれば
み名を称するに
よく衆生一切の
無明を破《は》し
よく衆生一切の
志願を満《み》てたもう〟

念佛一つに
迷いなく――
念佛一つに
腹ふくる――

病　気

本願――
名号――
信心――
称名――

どうでも
わけねば
おれぬは
病気

ちごうて
ちがわぬ
ことを知れ

教信寺に詣でて

本尊も祀《まつ》らず
聖教も講ぜず
ただ念佛して
西方を
拝みし人――

妻子を持ち
旅人の荷持ちをし
ただ念佛して
西方を
拝みし人――

その人の寺に詣《もう》でて
ただ念佛あるのみ

ああ
その人こそは
加古の教信沙弥《しゃみ》――
ああ
その寺こそは
加古の教信寺――

親鸞聖人
つねの御持言に
〝われは是れ
加古の教信沙弥の定《じょう》なり〟
と――

先師の恩徳

―松原致遠先生―

先師のおかげで
香樹院ご講師を知り
先師のおかげで
禿《とく》顕誠和上を知る
ああ
わが先師
松原致遠先生――

香樹院ご講師
お念佛の人――
禿顕誠和上
お念佛の人――
松原致遠先生
お念佛の人――

三師を貫くもの
ああ
ただ念佛――
先師の恩徳
ああ
ただ念佛――

ただ念佛

ただ念佛
ただ念佛
どこまでいっても
ただ念佛
念佛一つ
ただ念佛――

ただ念佛
ただ念佛
ゆけばゆくほど
ただ念佛
念佛一つ
ただ念佛――

一つに

ただ念佛
ただ念佛
ただ念佛――
一つに迷う
阿呆《あほ》はない

たいせつに

おねんぶつを
たいせつに
おねんぶつを
たいせつに
おねんぶつを
たいせつに
おねんぶつを
たいせつに――

なんにも

なんにも
言うことなし
なんにも
言うことなし

ナムアミダブツ――

本願や名号（一）

ああ
本願は
名号を體《たい》となし
ああ
名号は
本願を宗《むね》となす

ああ
本願や名号――
名号や本願――
弥陀の本願　信ずべし
弥陀の尊号　称うべし
ナムアミダブツ
ナムアミダブツ

本願や名号（二）

ああ
本願の海
名号の波

ああ
本願や名号――
名号や本願――

響流十方

称えるときも
ナムアミダブツ
称えぬときも
ナムアミダブツ

ナムアミダブツは
おやの呼びごえ
〝正覚大音　響流《こうる》十方〟

称えるときも
ナムアミダブツ
称えぬときも
ナムアミダブツ

呼んでいる

呼んでる
呼んでる
呼んでる
呼んでる

呼んでいる――

自力も他力も

どういうおひとが
となえても
どういうきもちで
となえても
どういうところで
となえても
ナムアミダブツは
おやのみ名——
ナムアミダブツは
にょらいさま——
自力も他力も
ありはせぬ
ナムアミダブツ
ナムアミダブツ

言うこと絶えて

思うこと
言うこと絶《た》えて
ナムアミダ
ナムアミダブツ
ナムアミダブツ

みほとけの

あさましの
この身なれども
あさましの
この身なれども
みほとけは
みすてたまわで
ナムアミダブツ
ナムアミダブツと
いだきたもう

ああ　みほとけの
あたたかき　み手よ――
ああ　みほとけの
あたたかき　懐《ふところ》よ――

み名いただきつ

大いなる
いのちにかえる
日をおもう
ナムアミダブと
み名いただきつ

おん同朋

右を見ても
おん同朋
左を見ても
おん同朋
前を見ても
おん同朋
後《うしろ》を見ても
おん同朋
みんな　みんな
おん同朋——

たのしきかな

同朋《とも》あり
遠方より
来るという
たのしきかな

大量師お歌に
〃もろともに
語りあわなん
法《のり》の友
機のつたなさと
法《ほう》のとうとさ〃

四つ辻で

西から来た人
東から来た人
北から来た人
南から来た人

みんな出会った
四つ辻で
ナムアミダブツの
四つ辻で

みんな　みんな
おん同行――
みんな　みんな
おん同朋――

金魚よ

――病室にて――

真夜中に起きているもの
金魚とわたし

尾ひれの動きに
わたしを感じ

わたしの呼吸《こきゅう》に
金魚を感じる

おお
金魚よ
おん同胞《どうほう》よ――

夜

ああ
夜《よる》が
ささやく
永遠を
ささやく

ああ
夜が
息づいてる
一輪の
バラに——

一りん

咲いて一りん
バラの
一りん——

夜半に

夜半《よわ》の
しずけさ
身にしみて
しみじみもうす
ナムアミダ

ああ
身のつみよ
身のさちよ
悲喜こもごもに
ナムアミダ

真夜覚めて
——高野山にて——

雪しずる
真夜覚《まよさ》めて読む
〃大涅槃〃

＊〃大涅槃〃＝金子大榮先生

じかづけに

波がヒタヒタ
うちよせる
かわいた岸に
うちよせる
かわいた砂に
うちよせる

み名がヒタヒタ
うちよせる
かわいた心に
うちよせる
かわいた胸《むね》に
うちよせる

ナムアミダブツ
ナムアミダブツ

こころが

こころが
かわいて
かわいて
かわききって

ああ
ナムアミダブツ――

植物園にて（一）

みんな
咲いてる
おもい
おもいに

みんな
歩いてる
おもい
おもいに

植物園にて（二）

蟬が鳴いてる
今
鳴かなければと
いうふうに――

蟬よ

ハダシ

念佛の大道を
ハダシであるく
戒行慧解《かいぎょうえげ》の
ハキモノなしに
煩悩具足《ぼんのうぐそく》の
ハダシであるく

〃煩悩具足と信知して
本願力に乗ずれば
すなわち穢身《えしん》
すてはてて
法性《ほっしょう》常楽証せしむ〃

蓮の花

あなたが往《い》ったら
蓮の花——
わたしが往っても
蓮の花——

極楽池中《ちちゅう》
青・黄・赤・白
ナムアミダブツの
蓮の花——

アミダ

ご和讃に
〃十方微塵《みじん》世界の
念佛の衆生をみそなわし
摂取して捨てざれば
アミダと名づけたてまつる〃

わたしは微塵の衆生なり
微塵のわたしを見いだして
みすてたまわでナムアミダブツと
摂取のみほとけナムアミダブツ
ナムアミダブツ
ナムアミダブツ

得名号

〃不断煩悩　得涅槃《とくねはん》〃

涅槃はここに
ナムアミダ
み名としてこそ
あらわるれ

不断煩悩　得名号――

オーイとハーイ

ナムアミダブツは
オーイと　いうこと
ナムアミダブツは
ハーイと　いうこと
オーイと　よんだら
ハーイと　こたえる
オーイも　ハーイも
ナムアミダブツ——

ひとつで　コト足《た》る
ナムアミダブツ——
ナムアミダブツ
ナムアミダブツ

そ　れ　が

わたしの
いちばん
ふかみにあって
わたしを
いつでも
よびつづけるもの

ねんぶつ
ねんぶつ
それが
ねんぶつ——

機法一体

われをタノメと
にょらいの仰せ
世間をタノメと
おっしゃらぬ

タノメというは
ナムアミダブツ
タノムというも
ナムアミダブツ

機法一体
ナムアミダブツ

ああ　それよりも

道が
わからなく
なったとき
ただねんぶつより
ほかないわたし
ねんぶつのみが
道をひらく――

ああ
それよりも
ねんぶつが
道――

人間万歳！

人間万歳！
それなのに
ナゼにいじける

ナムアミダブツに
遇《あ》え——
ナムアミダブツに
遇え——

ナムアミダブツに
祝福されて
人間万歳！

火を

火を
火を
ひとびとの
むねに
火を——

ねんぶつの
火を——

よぼうて

〃弥陀・観音・大勢至
大願の船に乗じてぞ
生死の海にうかみつつ
有情をよぼうてのせたもう〃

ナムアミダブツと
呼びたまい
ナムアミダブツと
乗せたもう
ナムアミダブツ
ナムアミダブツ

ナムアミダブツ

ナムアミダブツ
ナムアミダブツ

ナムアミダブツ
ナムアミダブツ

ナムアミダブツ
ナムアミダブツ

生の意義と喜び（一）

生の意義を
求めるものよ
念佛に遇《あ》え

生の喜びを
求めるものよ
念佛もうせ

〃聞其名号
信心歓喜〃

ああ
生の意義よ
喜びよ——

友よ

この世のものは
みなかわる
かわらぬマコト
ひとすじに
もとめて友よ
すすめかし

かわらぬマコト
ナムアミダブツ——

生の意義と喜び（二）

生の意義とは
ミダに遇《あ》うこと
遇うたらこの世が
よろこべる
雨がふろうが
風がふこうが――

〝よび声を
ただただよりけり
旅のそら
雨ふらばふれ
風ふかばふけ〟

呼びたもう（二）

夜ぞら深きに
星のあり
こころ深きに
如来あり

ナムアミダブと
呼びたもう
ナムアミダブと
呼びたもう

にょらいの生

生きるんだよ
生きるんだよ
どんなに
くるしくても
かなしくても
生きるんだよ
生きるいのちの中に
にょらい　まします

ひとりじゃないんだよ
ひとりじゃないんだよ
生きる　そのことが
にょらいの生——

もったいなし

もったいなし
もったいなし
生かされ生きて
ナムアミダブツ
——

ナニゴトも

ナニゴトも　ナニゴトも
如来ほうぞうさま
しっていて　くださる

ナニゴトも　ナニゴトも
如来ほうぞうさま
しっていて　くださる

ただそれだけで　死んでゆけ
ただそれだけで　生きらるる
ナムアミダブツ――
ナムアミダブツ――

如来法蔵さま（二）

如来法蔵さま
ナムアミダブツ――

わたしのすること
みてござる
わたしのいうこと
きいてござる
わたしのおもうこと
しってござる

如来法蔵さま
ナムアミダブツ――

どうする

どうする
どうする

いまのまんまで
いいのかね——

どうする
どうする

こころよ

こころよ

どこへ——

こまったとき

〃こまったときには
お念佛さまに
相談しなされや〃

因幡の源左の
ことばです

相　談

相談
相談
いっさい相談
ナンマンダブツさまに
ご相談――

〃ナンマンダブツ
ナンマンダブツ
ナンマンダブツ〃
と
ご相談――

こいしくば

親に
妻子に
聖人さまに
会いたい時は
ねんぶつもうせ
チャンと六字の
うちにいる

〝こいしくば
ナムアミダブツ
とのうべし
われも六字の
うちにこそ棲《す》め〟

ナンマンダブツ
ナンマンダブツ

会ってどうする

だれに
会いたいか
――聖人さまに

会って
どうするか

――ああ
お会いするだけで
お会いするだけで

不思議な

不思議な
不思議な
ナムアミダ

いろいろゴタゴタ
おこるけど
ナムアミダブツが
顔出すと
いつしかゴタゴタ
とけっちゃう

不思議な
不思議な
ナムアミダ

だまって

だまって
だまって
だまって

にんげんの
ことばは
いらぬ

いま
ナムアミダブツさまの
お聞かせだ

ナンマンダブツ
ナンマンダブツ

中身

お念佛の中身《なかみ》は
ナニかとおもっていたら
お念佛の中身は
しあわせ一ぱい

しあわせ一ぱいの
お念佛もろうたら
こんなわたしでも
しあわせ一ぱい

しあわせ一ぱいが
あふれて　あふれて
ナンマンダブツ
ナンマンダブツ

もろうたの

おねんぶつに
しあわせ
もろうたの――

おねんぶつに
しあわせ
もろうたの――

いただいたの

にょらいさんに
いただいたの
にょらいさんに
いただいたの
にょらいさんに
いただいたの——

しあわせ
いただいたの
しあわせ
いただいたの
しあわせ
いただいたの——

しあわせ

しあわせ
しあわせ
ほんに
しあわせ

ナムアミダブツに
あいし
しあわせ——

念佛衆生

ナムアミダブツと
いうことは
如来法蔵さまの
お呼びかけ

念佛衆生と
いうことは
呼びかけられた
もののこと

念佛衆生　摂取不捨
念佛衆生　摂取不捨
ナンマンダブツ
ナンマンダブツ

ひぐらしや

ひぐらしや
ただねんぶつの
ほかはなく

バッカリ

和上仰せに
〝ただ助けられるバッカリ
それゆえ
助かりたいがいらず
なろうがいらず
おちまいがいらず
しあげることがいらず
ただ実言《じつごん》の仰せを
あおぐバカリぢゃ〟

実言の仰せ
ナムアミダブツ
あおぐバッカリ
ナムアミダブツ

めでたきもの

元日や
めでたきものは

お念佛

呼びかけ

呼びかけ
呼びかけ
呼びかけ
呼びかけの声
ナムアミダブツ——

〝汝《なんじ》——
一心正念にして
ただちに来たれ
我れよく
汝を護《まも》らん——〟

うしろで

ねんぶつもうす
わたしのうしろで
ねんぶつもうす
方《かた》がある

常《じょう》ねんぶつの
にょらいさま——
常ねんぶつの
にょらいさま——

呼びたもう（三）

呼びたもう
呼びたもう

ひたすらわれを
大悲して
ナムアミダブツと
呼びたもう

呼びたもう
呼びたもう

ひとすじの道

ひとすじの道
涅槃《ねはん》にとおる
ひとすじの道
涅槃にとおる

ひとすじの道
ナムアミダブツ

みんな

〝袖《そで》ふりあうも
多生《たしょう》の縁〟
みんな有縁《うえん》の
ひとびとか
街《まち》ゆくひとの
なつかしや

少年よ

朝の街《まち》
白い杖《つえ》ついて
メクラの少年
少年よ――

ねがい

しずかに　雨が
ふっている
しずかに　雨が
ふるごとく
しずかに　われも
生きんかな

しずかに　雨が
あがってる
しずかに　雨が
あがるごと
しずかに　われも
逝《ゆ》かんかな

めぐりあいよ

めぐりあいよ
ナムアミダブツ

一期一会

一期一会《いちごいちえ》の
みんな
かなしく
なつかしく——

天の川

天の川
どの人間も
死ぬるかや

無常

無常というは
うつくしい――
無常というは
ありがたい――

生死無常

生死無常の
まま年暮るる
年暮るる

羅　針　盤

ナムアミダブツは
羅針盤《らしんばん》
人生航路の
羅針盤
いつも西方
指《さ》している
称えるままが
西の方
ナムアミダブツ
ナムアミダブツ

わたしのムネに

〃西方弥陀の
浄土から
至心の鳥が
飛んで来て
わたしのムネに
巣《す》をかけて
ナムアミダブツと
啼《な》きまする〃
西方弥陀の
浄土から――

秋の夜に

一

秋の夜ぞらを
みてあれば
親しきものの
往《ゆ》きませる
西の浄土の
おもわれて
ナムアミダブツ
もうさるる

二

西の浄土の
億万の
窓かとみゆる
星のかず
そのきらめきを
みてあれば
ナムアミダブツ
もうさるる

星ひかる

星ひかる
父かとぞおもう
母かとぞおもう

西方浄土

生の依《よ》るところ
西方浄土
死の帰《き》するところ
西方浄土
生死の帰依所
西方浄土

阿弥陀經に
〃従是西方
過十万億佛土
有世界
名曰極楽――〃

一本道

やっと出ました
一本道
ナムアミダブツの
一本道

西の空
あかるい――

ああ　相会わん

西方は
父いますみ国
西方は
母いますみ国
西方は
親しきものの
往きませるみ国

ああ　相会わん
ただ一つの道にて――
ナムアミダブツなる
ただ一つの道にて――

秋の蝶

おんひら
おんひら
西へ吹かれて

秋の蝶

摂取不捨

〃光明遍照　十方世界
念佛衆生　摂取不捨〃
念佛衆生は
愚悪の衆生
わたしや
にょらいの
ヒザのうえ

おやさま（一）

わたしの
おやさま
グチなおや
こんな
わたしを
どうでもと――

大悲無倦

あさまし
あさましの
わが身なれ
あさまし
あさましの
わが身なれ
〝大悲無倦　常照我〟

どこやらで

どこやらで
われ呼ぶ声の
秋のくれ

タカラ

わたしの　タカラは
アホウが　タカラ
〃アホウの一つおぼえ〃
ナムアミダブツ
あいもかわらず
ナムアミダブツ

ナムアミダブツ
ナムアミダブツ

秋彼岸（一）

秋《あき》彼岸《ひがん》
しみじみおもう
身のおろか

一つ

わからん
わからん
わからん
一つ

ねんぶつ
ねんぶつ
ねんぶつ
一つ

秋彼岸（二）

秋彼岸
ひとすじの道
ナムアミダ

今のねんぶつ

今の　ねんぶつ
誕生会《たんじょうえ》
今の　ねんぶつ
報恩講
今の　ねんぶつ
お彼岸会
今の　ねんぶつ
御法事と
おしえてくれし
ナムアミダ
ナムアミダブツ
ナムアミダブツ

恩　徳

あれ　ねんぶつに
聞こえます
あれ　ねんぶつに
お浄土の
清浄楽が聞こえます
この無耳人《むににん》の耳となり
浄土のお声聞かしむる
にょらいの恩徳
ナムアミダ
ナムアミダブツ
ナムアミダブツ

六字の名号が

江州蛇溝《へびみぞ》の
恵劔ご講師
〃六字の名号が
行《ぎょう》なり
本尊なり
佛体なり〃

ああ
ナムアミダブツ
ナムアミダブツ
ナムアミダブツ
ナムアミダブツ

いらぬ

道は
ただ一つ
ナムアミダブツ――
〃道は〃もいらぬ
〃ただ〃もいらぬ
〃一つ〃もいらぬ
ナムアミダブツ――

ナムアミダブツ
ナムアミダブツ
ナムアミダブツ
ナムアミダブツ

あかり

煩悩具足の
ボロ家に
ナムアミダブツが
すみついて
あかりがついて
ボロ家の
おんボロボロが
見えまする

ナムアミダブツと
見えまする

唯称佛

人
悪人
極悪人
極重悪人――
〝極重悪人　唯称佛〟

愛欲

愛欲は
脱《ぬ》けない
六十になっても
七十になっても――
そのうち
八十になっても――

〃愛欲の広海に沈没し
名利の大山に迷惑して〃
ナムアミダブツ――

今（一）

今
今
今

おつるも
今――
おたすけも
今――

ひらくもの

わがこころ
貝のごとくに
ふと閉《と》じぬ

このかなしみを
ひらくもの
ただねんぶつの
ほかはなく
ただねんぶつの
ほかはなく――

カギ（一）

ねんぶつ
こそは
こころの
カギ――

カギ（二）

自分をひらく
カギ
自分をひらく
カギ
自分をひらく
カギ
ナムアミダブツ

ひらかれると

自分が
ひらかれると
自分が
ひらかれると
自分が
ひらかれると
天地いっぱい

新聞の三面

新聞の三面
みているると
みんなわたしの
ことばかり

こんなに三面
にぎわせて
わたしは生きて
いるのかと
わが罪《つみ》とがが
おもわれて
ナンマンダブツ
ナンマンダブツ

三定死

〝かえらば
死せん

とどまらば
死せん

ゆかば
死せん――〟

ナムアミダブツ
もうすべし
ナムアミダブツ
もうすべし

ドンと

ドンと　はからえ
ナムアミダブツ
ドンと　うたがえ
ナムアミダブツ

はからいつくせる
ものぢゃない
うたがいつくせる
ものぢゃない

ドンと　ぶつかれ
ナムアミダブツ
ドンと　ドンと
ドーンと

マチガイ

たすかる身に
なって
たすかろうと
する
それは　マチガイ

たすからぬ身を
たすくるの
ご誓願――
たすからぬ身に
ナムアミダブツ

海

大きな　大きな
いのちの海よ

〃名号不思議の
海水は
逆謗《ぎゃくほう》の屍骸《しがい》も
とどまらず
衆悪の万川
帰しぬれば
功徳のうしおに
一味なり〃

大きな　大きな
おねんぶつの海よ

外道

外道《げどう》　外道と
いうけれど
わが身が外道と
しらなんだ

五逆謗法《ほうぼう》は
外道のしょうこ
外道たすくる
ナムアミダブツ

地獄

根性《こんじょう》
根性
わたしの根性
この根性が
地獄をつくる

和上お歌に
〝鬼を生む
親とてほかに
なかりけり
よくよくみれば
わがこころかな――〟

＊和上＝禿顕誠和上

フイッと地金が

フイッと地金《じがね》が出る
ムカッパラを立てる
ボロクソに言う
イジワルをする

〝蛇蝎奸詐《じゃかつかんさ》のこころにて
自力修善はかのうまじ
如来の廻向をたのまでは
無慚無愧《むざんむぎ》にてはてぞせん〟

にぎるなら

香山院師おおせに
〃コドモが
ドジョウをつかむに
これこそドジョウぢゃと
つかむとドロぢゃ
みなみなが
こんどこそと
おさえたものは
邪見憍慢《じゃけんきょうまん》のドロぢゃ
なんべんにぎりてみても
ウソばかり――〃

おなじにぎるなら
ナムアミダブツさまを――

はずかしや

よし女いわく
〃わたしは
なんにも
しりませぬ
わたしは
なんにも
しりませぬ
ただ
しらせてもらう
ばかりです〃

ものしりがおの
はずかしや

ただのただ

古人のお歌に
〝ただのただ
ただのただでは
まいれまい
よくよくきけば
ただのただかな〟

たった二文字の
ただの中
五劫のご思惟
永劫のご修行
みんなこもって
ただのただ

称うれば

一遍上人おん歌に
〝称うれば
われもほとけも
なかりけり
ナムアミダブツ
ナムアミダブツ〟

無相ひそかに
〝称うれば
われもほとけも
ありにけり
ナムアミダブツ
ナムアミダブツ〟

ホンマか

わたしが
ナニを
ハナシても
〝ホンマか
ホンマか〟
と問うひとあり

ホンマにそうや
ナニカニつけて
ホンマか
ホンマかと
問わねばならぬ
自分に――

ホントかナ

ありがたいと
いったら
どこかで鬼めが
セセラ笑った

ホントかナ
と――

ウソである

ウソである
ウソである
わたしのすべてが
ウソである

夜半《よわ》のめざめの
かなしさに
み名となうれば
いやさらに

ウソである
ウソである
わたしのすべてが
ウソである

虚仮不実

ナニを　やっても
ナニを　いっても
ナニを　おもっても
みんなスカタン
虚仮不実《こけふじつ》——

唯除（一）

尊號真像銘文に
〃唯除五逆・誹謗《ひほう》正法というは
唯除はただのぞくという語《ことば》なり
五逆の罪びとをきらい
謗法の重き咎《とが》を
知らせんとなり——
この二つの罪の重きことを
示して
十方一切の衆生
皆もれず往生すべしと
知らせんとなり——〃

唯除のことばに
わが身を知らされ
唯除のこころに
にょらいを知らさる
ああ
ナムアミダブツ
ナムアミダブツ

わが罪の

わが罪の
かずかずおもう
今朝《けさ》の秋

唯　除（二）

親子の縁を
子が切っても
親は切っては
くれませぬ

唯除《ゆいじょ》　唯除と
おいかけて
若不生者と
誓います

親のこころの
ありたけが
ナムアミダブツ
ナムアミダブツ

逆謗の身が

逆謗《ぎゃくほう》の身が
こんなに
しあわせ――

着るに　衣あり
喰《く》うに　食あり
棲《す》むに　住あり
語るに　友あり

ああ
逆謗の身が
ご恩の中――

道

たった一つの
たった一つの
道がある
ナムアミダブツの
道がある
〝汝《なんじ》　一心正念にして
ただちに来たれ
我れ能く
汝をまもらん〟

および声こそ
道である――
および声こそ
道である――

どこへ

どこへ――
ねんぶつ
なしに
どこへ――

汝

わたしを〝汝《なんじ》〟と
呼びかける
どこまで逃《に》げても
呼びかける
〝汝〟〝汝〟と
呼びかける

〝汝〟と呼ばれ
ナムアミダ
〝汝〟と呼ばれ
ナムアミダ
〝汝〟と呼ばれ
ナムアミダ――

それは

くらきに
ありて
ささやくもの
それは
ねんぶつ――

不思議（三）

わたしの奥の
貪瞋《とんじん》ぼんのうの中に
おねんぶつが聞える
おねんぶつが聞える

〃常於大衆中
説法師子吼《しく》〃

不思議の中の不思議なり
不思議の中の不思議なり
ナムアミダブツ
ナムアミダブツ

この不思議（一）

弥陀の名号
となえつつ
み名のマコトを
いただけば
業煩悩の
このわれに
涅槃《ねはん》のひかり
さし入りて
〃不断煩悩　得涅槃〃
ひかりに生くる
身とはなる
ああ
この不思議——
この不思議——

それこそは

死の国への
ふかき闇路を
みひかりの
国へ生まるる
ひかり満《み》つ
道としたもう

不可思議よ
ああ
不可思議よ――
それこそは
ナムアミダブツ

この不思議（二）

ああ　だれか知る
この不思議

ああ　われ今日の
日に生くる

ああ　われみ名を
呼び生くる

ああ　だれか知る
この不思議

自動式エレベーター
――入院中に――

わたしのこころは
自動式エレベーター
いかり　はらだち
そねみ　ねたみ
どこかの階《かい》に
とまっては動き
とまっては動き――

親鸞聖人
一多證文に
〃凡夫というは
無明・煩悩
われらが身に
みちみちて

よくもおおく
いかり　はらだち
そねみ　ねたむこころ
おおくひまなくして
臨終の一念にいたるまで
とどまらず　きえず
たえずと
水火二河のたとえに
あらわれたり〃

安心

〃縦令《じゅりょう》一生
造悪の
衆生引接《いんじょう》の
ためにとて
称我名字と
願じつつ
若不生者と
誓いたり〃

お覚悟
お覚悟
如来のお覚悟
〃若不生者
不取正覚〃

如来のお覚悟
一つで往生
如来のお覚悟
いただくばかり

〃あら
心得やすの
安心《あんじん》や！
あら
往《ゆ》きやすの
浄土や！〃

ねんぶつ

みほとけ我れを
念じます
ナムアミダブツと
念じます

そのみほとけの
ねんぶつを
我れたまわりて
ナムアミダ
ナムアミダブツ
ナムアミダブツ

大行とは（一）

〃大行とは
すなわち
無碍光如来の
み名を――〃
ナムアミダブツ――

ナムアミダブツに
こもる
しんじつ
ああ――

み名

ちかいの
み名よ
ナムアミダ

われ
たまわりて
ナムアミダ

いのちの
み名よ
ナムアミダ

聞いたか

無相聞いたか
ご信心さまの
お声——

ナンマンダブツは
ご信心さまの
お声——

あじわい

みかん
ムシャ　ムシャ
みかんの
あじもらう

ねんぶつ
ナム　ナム
しんじんの
あじもらう

もらった
あじわい
ナンマンダブツ
ナンマンダブツ

ひとりのとき

だあれもいない
ひとりのとき
おねんぶつさまが
こうささやく

ひとりぢゃあ
ないんだよ
ひとりぢゃあ――

うちあけばなし

ナムアミダブツは
うちあけばなし
わたしに
にょらいさんの
うちあけばなし
〃どうぞ
たすけさせて
おくれよ〃
と――

ナムアミダブツは
うちあけばなし

そのまんま

なんにもわからぬ
そのまんま
たすけたもうと
ナンマンダブツ

ミダの仰せの
そのまんま
ナンマンダブツ
ナンマンダブツ

ほかになんにも

この身このまま
ナムアミダブツ
ほかになんにも
ないわたし

わたしのしんじん
ナムアミダブツ
ほかになんにも
ないわたし

わたしのあんじん

わたしのあんじん
ナムアミダブツ
あんじんいらずの
ナムアミダブツ

ナムアミダブツ
ナムアミダブツ

熱を

ナンマンダブツは
熱を下げるの
アタマに来ている
熱を下げるの

熱が下って
アタマ楽《らく》らく

ナンマンダブツは
熱を下げるの

わすれてもええ

わすれてもええ
わすれてもええ
おねんぶつさまが
わすれておくれぬ

となえあらわれ
ナムアミダブツ——

おねんぶつ

にょらいさんが
わたしを
おもって　おもって
おもって　おもって
くださるのが
おねんぶつ――

にょらいさんのおもいが
わたしに
とおって　とおって
とおって　とおって
くだされたのが
おねんぶつ――

お声が

和上
おおせに
〃お声が
おやさまぢゃ〃

＊和上＝禿顕誠和上

にょらいは

わたしが
わたしで
あるように
にょらいは
わたしを
念じます——

わたしが
わたしで
あるように
にょらいは
み名を
くだされし——

くち

長崎の庵の
ばばさん曰く
〝口《くち》は
お念佛もうすために
あるんや〟

しあわせよ

真夜中《まよなか》に
書く
お念佛詩――

ああ
お念佛に
遇《あ》いつつ
聞きつつ
お念佛詩
書く
しあわせよ

真夜中の
しあわせよ――

しあわせ（一）

大べん　出しきり
小べん　出しきり
ムネに浮んだものは
お念佛詩として出しきって
お天気はよく
ああ
もう
わたしは
いうことがない

しあわせ――

ああ　幸

雲みれば
雲の呼びかく
水みれば
水の呼びかく
ものみなに
呼びかけられつ
ものみなと
したしみ生くる
ああ
幸《さち》　幸《さち》――

しあわせ（二）

ひとすじの道に
出たものは
しあわせ
ひとすじの道を
行くものは
しあわせ
ひとすじの道で
死ぬものは
しあわせ

御招待

ナムアミダブツは
如来の家
諸佛　菩薩も
おわします
亡き父　母も
おわします

ねんぶつもうす
そのことは
諸佛　菩薩を
御招待――
亡き父　母も
御招待――

ナムアミダブツ
ナムアミダブツ

夢殿

お太子さまは
夢殿《ゆめどの》に――

わたしの夢殿
ナムアミダブツ
コトあるごとに
ナムアミダブツ

ナムアミダブツの
夢殿に――

おひかり

天香さんの
おことばに
〝ナニゴトも
おひかりに聞いて
しなされや〟

おひかりに聞く――
おひかりに聞く――
十九の夏の
このおことば
七十の今日
ナム佛と
ナムアミダブツに聞く――
ナムアミダブツに聞く――
ナムアミダブツ
ナムアミダブツ

みほとけ

やみはひかりを
しらざれど
ひかりはやみに
いりたもう

そのみひかりの
みほとけを
ナムアミダブと
よびまつる――

おこころ

おこころ
おこころ
おこころ
おこころ

となえ
あらわれ
呼びかけたもう

おこころ
おこころ
おこころ
おこころ

わたしつつんで

まことにせまいは
わたしのこころ
おこころひろいは
にょらいさま

わたしつつんで
ナムアミダブツ
ナムアミダブツ
ナムアミダブツ

カゼ見舞に

カゼをひいたら
セキがでる
自力他力は
さておいて
ねんぶつでるのは
ナゼでしょう

おやさまはなれぬ
しょうこでしょう
はなれず呼んで
ナムアミダブツ
ナムアミダブツ
ナムアミダブツ

六字はなれて

弥陀の名号
となえつつ
名号の弥陀に
あえよかし

六字はなれて
親はなし
ナムアミダブツ
ナムアミダブツ

仰せ

一文不通の
この身ゆえ
仰せ一つの
ほかはない

〃称我名字《しょうがみょうじ》〃の
おん仰せ
この身にかかった
おん仰せ

ナムアミダブツ
ナムアミダブツ
ナムアミダブツ
ナムアミダブツ

これだけで

池山栄吉先生
常の仰せに

〃ナムアミダブツ——
これだけだよ
これだけしかないんだよ
これだけでいいんだよ〃

浄土門

モタモタ苦にする
ことはない
モタモタやめろは
聖道門
モタモタのままが
浄土門

モタモタめあての
ご名願《みょうがん》
モタモタのまま
ナムアミダブツ
ナムアミダブツ
ナムアミダブツ

イキギモ

ナムアミダブツは
にょらいさんの
イキギモ
ナムアミダブツと
キモもろた

おあたえ

唯信鈔文意に
〝この智慧の名号を
濁悪《じょくあく》の衆生に
与《あた》えたまえるなり〟

今の念佛
ナムアミダブツ
弥陀のお智慧の
ナムアミダブツ

濁悪の身に
ナムアミダブツ
弥陀おあたえの
ナムアミダブツ
ナムアミダブツ
ナムアミダブツ

わたし

ナムアミダブツは
如来さんの生きギモ
生きギモもろうて
生きてるわたし

わたしわたしと
いうけれど
生きギモもろうて
生きてるわたし

ああ　み名

み名の乳房に
そだてられ
われいま生きて
ナムアミダ
み名にしたしむ
身とはなれ

六十八の
身にあれど
朝夕《あさゆう》み名を
いただきつ
みおやにすがる
おさな子よ

ああ
み名――
み名――
み名――

お浄土の声

あちらでも
ナムアミダブツ
こちらでも
ナムアミダブツ
ナムアミダブツは
お浄土の声

ご恩のみ名

〝たとい大千世界に
みてらん火をもすぎゆきて
佛のみ名を聞くひとは
ながく不退にかのうなり〟

わたしの奥に
炎炎《えんえん》と
煩悩の火
燃《も》えたるを
かきわけたまい
今ここに
ナムアミダブツと
聞かしめて
不退の身とぞ
なしたもう

ご恩のみ名よ
ナムアミダ
ご恩のみ名よ
ナムアミダ

燃えつくせ

燃《も》えて
燃えて
燃えつくせ

ナムアミダブと
燃えつくせ

おやさま（二）

〃十方微塵《みじん》世界の
念佛の衆生を
みそなわし
摂取してすてざれば
阿弥陀となづけ
たてまつる〃

ナムアミダブツの
おやさまは
ねんぶつしらぬ
わたくしに
ナムアミダブツと
あらわれて
たすけてくださる

慈悲のおや
ナムアミダブツの
ほかはなし
ナムアミダブツの
ほかはなし

一番大事なもの

一番大事なもの
一番大事なもの
一番大事なもの
一番大事なもの
ナムアミダブツ

ミダを

ゆきつまったら
ナムアミダブツ
ゆきつまらんでも
ナムアミダブツ

この世のことも
ナムアミダブツ
あの世のことも
ナムアミダブツ

ミダをはなれちゃ
わたしはたたぬ
ナムアミダブツ
ナムアミダブツ

ご縁

ご縁
ご縁
みなご縁

こまった
ことも
みなご縁

ナムアミダブツに
遇《あ》う
ご縁——

老人問題

わたしは老人　六十八歳
老人問題　わたしの問題
家なし子なしで　病身で
自殺をおもう　ときもある
老人問題　まず孤獨
念佛なくては　生きられぬ
ナンマンダブツ
ナンマンダブツ

泣くがよい

泣くがよい――
生きたえがたい日は
泣くがよい――

たのませたまいて

親鸞聖人さま
自然法爾章に
〃弥陀佛のおんちかいの
もとより行者のはからいに
あらずして
ナムアミダブツと
たのませたまいて——〃

たのませたまいて
たのませたまいて
ああ
そのおんはからいの
おねんぶつ——

ああ
そのおんはからいの
おねんぶつ——

まかせまいらせ

〃ただ如来の誓願に
まかせまいらせ
たもうべく候
とかくの御はからい
あるべからず
候うなり〃

聖人さまの
おんさとし——

大悲のきわまり

親鸞聖人さま
唯信鈔文意に
〝口称《くしょう》を本願と
ちかいたまえる――〟

口称を本願
口称を本願
口もとのご本願
口もとのご本願

口称を本願
大悲のきわまり
口称を本願
大悲のきわまり

かまえて

〝かまえて
學生沙汰《がくしょうざた》
せさせたまわで
往生を
とげさせたまい
候うべし〟

この聖人のおんことば
ナムアミダブツ
ナムアミダブツ

いんねん不思議

ちょうどのときに
ちょうどのことがおこって
いんねんというものは
不思議なものだ
ああ
いんねんよ――
ナムアミダブツ

いんねん不思議――
いんねん不思議――
いんねん不思議――

不可思議

不可思議の
いのちたまわり
今日生きて
ナムアミダブに
遇《あ》えし不可思議

ご恩徳

いつもお念佛の外《そと》に居る
外に居るのに内《うち》に居る
こんなおかしいことはない
こんな不思議なことはない

外に居るのはわたしの性《しょう》
内に居るのはご恩徳
ナムアミダブツの
ご恩徳——
ナムアミダブツ
ナムアミダブツ

不思議(四)

元日や
今日のいのちに
遇《あ》う不思議

根源

この世
あの世を
つらぬきて
わがしあわせの
根源は
ナムアミダブツの
ほかなかり

ただナムアミダ
ナムアミダ
ナムアミダブツ
ナムアミダブツ

ひとたび

ひとたびみ名を
聞きしより
ひとたびみ名に
遇《あ》いしより

わが行く道は
ひらけたり
わが行く道は
ひらけたり

大行とは（二）

〃大行とは
無碍光如来の
み名を
称するなり――〃

ああ
無碍光如来の
み名を
無碍光如来の
み名を

称するなり――

はやみち

聖人仰せに
〃愚鈍往き易き
捷徑《はやみち》なり――〃

愚かなままに
愚かなままに
ナムアミダブツ――

そんなわが身と　となうれど

大無量寿經に
〝独生・独死
独去・独来〟
そんなわが身と　しらなんだ

ご和讃に
〝ナムアミダブツを
とのうれば
十方無量の諸佛は
百重千重圍繞《いにょう》して
よろこびまもり
たもうなり〟
そんなわが身と　しらなんだ

〝智慧の念佛　うることは
法蔵願力の　なせるなり〟
ナムアミダブツと　となうれど
智慧のねんぶつと　しらざりき
ナムアミダブツと　となうれど
法蔵がんりきとは　しらざりき
ナムアミダブツと　となうれど
わたしのためとは　しらざりき

しらなんだ

一念多念證文に
〃廻向は
本願の名号をもて
十方の衆生に
与えたもう御法《みのり》なり〃

いまのねんぶつ
ナムアミダブツ
本願の名号と
しらなんだ
わたしのためと
しらなんだ
あたえたもうと
しらなんだ

今（二）

無常　無常と
いうけれど
今　無常とは
しらなんだ

お助け　お助け
いうけれど
今　お助けとは
しらなんだ

むせやけ

―じぶんに―

明信寺師おおせに
〃人目《ひとめ》
よく信ずるように見せて
内心自力にとどまるなら
蔵《くら》の中の
蒸《む》せ焼《やけ》ぢや〃

聞かねばならぬ
聞かねばならぬ
聞いて
聞いて
聞きつくし
聞きごころも
用のないまでに――

聞く一つ

聞く一つ
聞く一つ
ナムアミダブツと
聞く一つ

ミダのおこころ
聞く一つ

となえつつ

聞くこと
聞くこと
お念佛しつつ
聞くこと

聞くこと
聞くこと
お念佛の仰せ
聞くこと

〃弥陀の名号となえつつ
信心まことにうるひとは
憶念の心つねにして
佛恩報ずるおもいあり〃

名にこめし

名にこめし
オヤの大悲の
おんこころ
ナムアミダブと
いただくばかり

歓喜というも

わたしの苦労ばなし
ナニになる
如来さんのご苦労
聞く一つ

〃聞其名号　信心歓喜〃

如来さんのご苦労に
わしゃ歓喜――
歓喜というも
ナムアミダブツ
歓喜というも・
ナムアミダブツ

聞くばっかり

聞くばっかり
聞くばっかり

ナムアミダブツと
聞くばっかり

憍慢

〝そうやって
聞き歩くのもよいが
鯛《たい》にも骨がある
身だけいただかれよ〟
能信院師のおんさとし

〝鯛ならよいが
鰯《いわし》だったら
どうしましょう〟
これを憍慢というのでしょう

〝邪見憍慢　悪衆生
信楽受持　甚以難〟

たたいている

たたいている
たたいている
だれかが
たたいている
このむねのトビラを――

みみをすませ
みみをすませ
こころの
みみをすませ
どうたたいているのかと――

聴聞（一）

香樹院師仰せに
〝そもそもこの念佛は
何のために成就《じょうじゅ》して
何のために称えさせ給うやと
心をくだきて思えば
即ちこれ
常に称えるのが
常に聴くのぢゃ〟

称えるままに
ご聴聞
ナンマンダブツ
ナンマンダブツ

聴聞（二）

称えては
聞き――
称えては
聞き――

そのまま聞いたら

ドン　といったら
ドン　でしょう
ガン　といったら
ガン　でしょう
たすける　いったら
たすける　でしょう
そのまま聞いたら
よいのでしょう

ナムアミダブツ
ナムアミダブツ

「に」と「を」

聞くんだよ
聞くんだよ
ナムアミダブツに
聞くんだよ

聞くんだよ
聞くんだよ
ナムアミダブツを
聞くんだよ

みな諸佛

一切衆生
みな諸佛
一切衆生
みな諸佛

〝若不生者《にゃくふしょうじゃ》〟の
ちかいゆえ
〝若不生者〟の
ちかいゆえ

一切衆生
みな諸佛
已《い》・今《こん》・当《とう》の
みな諸佛

念々照らして

八万四千の煩悩の
かたまりこそが　このわたし
八万四千の光明の
いちいちこそが　ナムアミダ
念々ぼんのう　このわたし
念々照らして　ナムアミダ

ナムアミダブツ
ナムアミダブツ

まもられて

〃ナムアミダブツを
とのうれば
十方無量の諸佛は
百重千重圍繞《いにょう》して
よろこびまもり
たもうなり〃

わたしをとりまく一切が
諸佛であると今しった
一切諸佛にまもられて
今日あるわたしと今しった

ナムアミダブツに知らされて――

オジュズ

八万四千のジュズの珠《たま》
それをつらぬくジュズの糸
八万四千のぼんのうの
それをつらぬくナムアミダ

ジュズを手にしてはずかしや
ジュズを手にしてありがたや

ナムアミダブツ　ナムアミダブツ
ナムアミダブツ　ナムアミダブツ

阿修羅の琴の音

ああ
聞《きこ》ゆるは
阿修羅《あしゅら》の琴《きん》の音《ね》
　わが　悩みの日に
わが　迷いの日に
わが　苦しみの日に
わが　悲しみの日に
ああ
聞ゆるは
阿修羅の琴の音
み佛なる
　み名の調《しら》べ――

ああ

妙《たえ》なるは
阿修羅の琴の音
　黙《だま》って――
　黙って――
　黙って――
人間の言葉はいらぬ
ああ
妙なるは
阿修羅の琴の音
み佛なる
　み名の調べ――

この御和讃に

冠頭《かんとう》の御和讃に
〃弥陀の名号となえつつ
信心まことにうるひとは
憶念の心つねにして
佛恩報ずるおもいあり〃

この御和讃に
ひきづられ
ひきまわされて
み名となえ
み名のいわれを
聞き聞きて
聞こえたまいて
今ここに

おろかなる身と
知らされぬ
み名ただ一つと
知らされぬ

ああ
ナムアミダ
ナムアミダ
ナムアミダブツ
ナムアミダブツ

還相（一）

—末讃を戴きつつ—

〝ナムアミダブツの廻向の
恩徳広大不思議にて
往相廻向の利益《りやく》には
還相廻向に廻入《えにゅう》せり〟

わたしがあらわす
還相は
未来のほかは
ありません
ただただ未来と
言ったとて
わたしが死んだ
その時で
とおい未来ぢゃ
ありませぬ
わたしの未来は
ナムアミダブツ
ただ念佛の
身となって
此の世であなたに
遇《あ》うのです
ナムアミダブツは
にょらいさま
ナムアミダブツは
未来のわたし

ナムアミダブツ
ナムアミダブツ
ナムアミダブツ
ナムアミダブツ

還相（二）

—末讃を戴きつつ—

〃像末《ぞうまつ》五濁《ごじょく》の世となりて
釋迦の遺教《ゆいきょう》かくれしむ
弥陀の悲願ひろまりて
念佛往生さかりなり〃

往生　往生
言うけれど
死ぬるんでない
生きるんですよ
生《う》まれかわって
生きるんですよ
やはり此の世に
還《かえ》り来て
やはりあなたと
語るのです

ただただ未来は
此の身ぢゃなく
ナムアミダブツの
身となって
ただ念佛の
身となって
あなたに語り
かけるのです
ナムアミダブツが
未来のわたし

ナムアミダブツ
ナムアミダブツ
ナムアミダブツ
ナムアミダブツ

還相（三）

―末讃を戴きつつ―

〝弥陀の尊號となえつつ
信楽《しんぎょう》まことにうるひとは
憶念《おくねん》の心つねにして
佛恩報ずるおもいあり〟

尊號　尊號
ナムアミダブツ
念佛往生
信ずるひと
信楽まことに
えたるひと
尊號信ずる
身とならば
やがてはみ名の
身とならん

やがてはみ名の
身と知らば
ナニカニつけて
ナムアミダブツ
憶念の心
つねにして
佛恩嘆ずる
ことならん
佛恩嘆ずる
ことならん

ナムアミダブツ
ナムアミダブツ
ナムアミダブツ
ナムアミダブツ

還相（四）

―末讃を戴きつつ―

〃如来大悲の恩徳は
身を粉にしても報ずべし
師主知識の恩徳も
骨をくだきても謝すべし〃

ナムアミダブツの
一つにて
往還《おうげん》二益《にやく》を
たまいたる
にょらい大悲の
恩徳と
それを称《たた》える
師主の恩
粉骨砕身《ふんこつさいしん》

報ずべし
されど粉骨《ふんこつ》
砕身《さいしん》の
かなわぬ凡愚の
身にあれば
ただただ弥陀の
名願《みょうがん》を
たのみて未来
還相の
身となり恩徳
報ずべし

ナムアミダブツ
ナムアミダブツ
ナムアミダブツ
ナムアミダブツ

わが詩よ

詩は
ひたすらに
名利心を
忌《い》む

詩は
ひたすらに
いのちをうたわんことを
求む

おお
わが詩よ
ひたすらに
わがいのちを――

お念佛詩

お念佛詩は
如来の方便
わたしに書かせて
わたしをそだてる
お念佛詩は
如来の方便――

ナムアミダブツ
ナムアミダブツ

念佛詩抄（一）

幼児《こども》が
カタコトで
ハナシしてる

わたしの
カタコト
念佛詩抄

カタコト
あんじん
書くのです

念佛詩抄（二）

敬信老人七十四歳
〝はずかしや
筆にあらわす領解書《りようげぶみ》
カリ・ニセ・ウソの
こころのみにて〟

念佛詩抄
カリ・ニセ・ウソ――

あとがき

念佛詩抄の最後には、敬信老人（伊賀三左衛門）のお歌をいただいて、

念佛詩抄（二）

敬信老人七十四歳

〝はずかしや
筆にあらわす領解文《りょうげぶみ》
カリ・ニセ・ウソの
こころのみにて〟

念佛詩抄
カリ・ニセ・ウソ――

としたことでありますが、今、あとがきを書くにあたって一層その感を深うすることでありま
す。

私自身のための覚え書といった此のようなものを、公けに出版していただいてよいものであろうかと懸念《けねん》しつづけて来たことでありますが、今となってはもう龍谷大学教授の千葉乗隆先生のお骨折りのままに、『慈光』誌主宰の花田正夫先生のお勧めのままに、ありがたく出版していただくばかりであります。

尊敬して止まぬ千葉・花田両先生に深くお礼申上げると共に、このようなものを出版してくださる永田文昌堂主に、また、編集・校正などを助けてくださった親しい道友のかたがたに厚くお礼申上げることであります。

ここに収めた三百三十篇は、昭和四十六年と四十七年の二ヶ年間に生れたもので、そのほとんどは『慈光』誌に掲載されたものでありますが、もともと真言僧であった私のこととて真宗の教学にはまったく暗く、また、聞法の日もいたって浅いことでありますから、いろいろな間違いについては、どうかお気づきの方から親しく御教示くださるよう心からお願い申上げることであります。

この書を手にしてくださる方がたを、お懐《なつ》かしくお懐かしく思いつつ——。

ナムアミダブツ　ナムアミダブツ。

昭和四十八年二月二十日

—満六十九歳の誕生日に—　木村無相

復刻にあたって

「噫値遇　念仏詩人　無相さん」
熊本生まれの無相さん
古稀を迎えて水海の里に
傘寿で「仰せ」の弥陀の邦
ただ念仏の無相さん
思えば逝きて四半世紀
愈々光る念佛詩抄
おかげさまで
両手合わせてお念仏
　「信者になったらおしまいだ
　　信者になれぬそのままで
　　ナンマンダブツ　ナンマンダブツ」
今でも変わらぬ「そのまま」のお念仏
「大行とは無碍光如来の御名を称するなり」とは
御開山のお言葉

また　無相さん臨終の詩（越前市林病院にて　昭和五十九年一月三日）

「生き死にの道はただ唯ナムアミダ

　唯称えよの仰せばかりぞ

　　称えられなくても、仰せばかりで沢山。

　　　称えよの仰せがかかっているのが念仏の行者」

その人去りて二十五年　その人憶いて我は生き

　　　　　　　　　　　　その人忘れて　我は迷う

曠劫多生の縁　喜びつきることなし

淳光坊ようやくたどる念仏の道

七十余歳ではづかしい

古稀をも過ぎて有難い

このまま喜寿までいられよか

ナンマンダブツ、ナンマンダブツ

　　　　木村無相翁身元保証人　加茂淳光

後記の無相翁略年譜にあるとおり、無相さんがここ越前に来られたのは、加茂さんの求道心が、無相さんの念仏詩「信者になったら…」に値いえたことが契機である。そして白藤さんの好意で老人ホーム太子園、後には和上苑で、比較的気楽な生活をされる中、多くの念仏者、大学教授、学者などの僧俗が訪ねて来られ、またその法縁を糸口に何百、何千通の法信が交わされた。この地方でも多くの法友をもたれる。助田茂蔵さんは家族ぐるみで温かく親交されたし、安野さんのお寺での念仏相続にもよくいかれた。藤枝も十年、可愛がっていただき、寺にも二度泊まられた。いただいた数多のハガキ、手紙の法恩は忘れられない。

今、無相翁の二十五回忌法要記念にその名著『念佛詩抄』が復刻され、真の念仏の感動が再び世に伝わることになったのは、世話人会・関係者一同のこの上ない喜びである。

平成二十年一月六日・祥月命日に

木村無相翁二十五回忌法要世話人会

（加茂淳光・白藤昭武・助田茂蔵・藤枝宏壽・安野龍城〈五十音順〉）

木村無相翁　略年譜

明治三七（一九〇四）年
熊本県八代で誕生。後（三歳）朝鮮、満州へ渡る。

大正　七（一九一八）年（一四歳）
朝鮮・平壌で高等小学校卒業。

大正一〇（一九二一）年（一七歳）
神戸工業学校建築科に通う。『出家とその弟子』『歎異抄』に出会う。山科の一灯園でも生活する。

大正一三（一九二四）年（二〇歳）
同校卒業後、東京警視庁、門司警察、鹿児島小学教員勤務を経て再び満州を流浪。「煩悩を断じて悟りを得たい」と発起し、また二度自殺を図る。

昭和　五（一九三〇）年（二六歳）
フィリピン・ダバオで小学教員、協同組合書記四年。「オレの助かる道は仏教にあるらしい」と見当がつく。

昭和　八（一九三三）年（二九歳）
帰国し、四国遍路、愛媛県香園寺の三密学園で真言の教えを学ぶ。

昭和一〇（一九三五）年（三一歳）
六月。真言修学中にふと念仏が口に出るようになり、以後「いつでもお念仏が出てこまる」。

昭和一一（一九三六）年（三二歳）
徳島の安楽寺（真宗）で三年間他力を学ぶ。

昭和一四（一九三九）年（三五歳）
八月「真宗の信心に落第」と思い安楽寺を出る。

昭和一四（一九三九）年（三五歳）　十月香園寺で山頭火（五八歳）を迎え、同宿一週間。

昭和一五（一九四〇）年（三六歳）　静岡で会社員。十月「生死出離ということは、南無阿弥陀仏と今ここに成就されているではないか」という声が閃く。

昭和一六（一九四一）年（三七歳）　三重県松原致恩師に師事、二年常随。しかし五四歳まで、高野山の真言と真宗の間を通算三往復する

—真剣な苦悩に満ちた求道の二五年間。

○高野山大学庶務係長をしつつ真言の講義をきく。

○真宗でご縁に遇うた他の諸師は

　禿義峰老院（滋賀県源通寺）に十六年、

　金子大榮先生に二十七年間（昭和二四年〜五一年）。

　真宗の本五、六百冊にふれ、所持する。

昭和三三（一九五八）年（五四歳）　七月、真言・高野山を最終的に去り、真宗ひとすじに聴聞するようになる。

昭和三六（一九六一）年（五七歳）　東本願寺同朋会館門衛になり、十二年間ひたすら聴聞。

昭和四八（一九七三）年（六九歳）　二月。「ただ念仏」の『念佛詩抄』（永田文昌堂）刊行。

昭和四八（一九七三）年（六九歳）　八月、池田町誠徳寺に本籍を移す。

昭和四八（一九七三）年（六九歳）　九月、福井県武生市瓜生町老人ホーム太子園に入寮
（加茂淳光が身元保証人。後に隣接の和上苑に移る）

昭和五二（一九七七）年（七三歳）　ＮＨＫラジオ「宗教の時間」にて放送＝「私の詩と信仰」

昭和五四（一九七九）年（七五歳）　瓜生・上宮寺にて「生前葬」

昭和五八（一九八三）年（七九歳）　ＮＨＫラジオ「宗教の時間」にて放送＝「煩悩と私」

昭和五九（一九八四）年（八〇歳）　一月六日。武生市林病院にて命終。
（遺体は福井医科大に献体。自筆で宛名書きしてあった「死亡通知書」が発送される）

昭和六〇（一九八五）年二月二〇日　『求道六十年　歎異抄を生きて』（光雲社）出版。
（「私の詩と信仰」「Ｍさん、Ｎさんとの法信」を採録）

昭和六〇（一九八五）年五月一八日　献体の遺骨返還を受け、誠徳寺に納骨。

昭和六〇（一九八五）年八月一〇日　「遍歴終え宗教詩人　今が幸せ」『今を生きる』
（福井新聞連載「日曜清談」）三一〇〜三一七頁。

昭和六〇（一九八五）年一〇月一六日　『歎異抄を味わう―信の交流』（光雲社）出版。
（加茂淳光師との法信を主として）

昭和六〇（一九八五）年六月二〇日　『念佛詩抄　続』（永田文昌堂）出版。
（千葉乗隆師に促されて、七六歳頃より、『慈光』への

投稿を転写し準備していたもの）
『続々　念佛詩抄』（永田文昌堂）出版。
（前書の続き。なお遺稿「念仏詩　歎異抄」も採録）

昭和六〇（一九八五）年七月二〇日

木村無相翁著書・関係書

・『念佛詩抄』　永田文昌堂（昭和四十八年）
・『求道六十年　歎異抄を生きて』　光雲社（昭和六十年）
　―「（NHK放送）私の詩と信仰」も採録
・『歎異抄を味わう―信の交流』　光雲社（昭和六十年）
・『続　念佛詩抄』永田文昌堂（昭和六十年）
・『続々　念佛詩抄』　永田文昌堂（昭和六十年）
・「念仏者木村無相さん」大屋憲一（『現代真宗法話集Ⅰ』）法蔵館（昭和六十年）
・『無相法信集』岩崎成章　西村為法館（昭和六十年）
・『木村無相師法談』岩崎成章　法蔵館（平成二年）
・「木村無相さんのこと」法岡龍夫（『新編現代真宗法話集3』）法蔵館（平成八年）
・『無相さんを偲んで　＝二十五回忌記念＝』　永田文昌堂（平成二十年）

・『口述念仏詩抄　ＣＤ』木村無相　すねいる教材研究社（平成二十年）
・『木村無相　ＤＶＤ』すねいる教材研究社（平成二十年）
・『念仏詩抄とわたし＝木村無相翁三十三回忌法要記念文集』法要世話人会
永田文昌堂（平成二十八年）
・『木村無相　お念佛の便り』土井紀明編　永田文昌堂（平成二十八年）

念佛詩抄

昭和48(1973)年4月10日　一　刷
平成30(2018)年8月10日　十四刷

著　者　木村無相

発行者　永田　悟　京都市下京区花屋町通西洞院西入

印刷所　図書印刷同朋舎　京都市下京区壬生川通五条下ル

発行所　創業慶長年間 永田文昌堂
〒600-8342
京都市下京区花屋町通西洞院西入
電　話(075)371-6651番
振替口座 01020-4-936番

ISBN978-4-8162-6042-1 C1015